Michael Felske

In Worms und Xanten

Die Nibelungen-Sage mit neuen Liedern erzählt

Bibliografische Information der Deutschen Nationalbibliothek:
Die Deutsche Nationalbibliothek verzeichnet diese Publikation in der Deutschen Nationalbibliografie; detaillierte bibliografische Daten sind im Internet über http://dnb.dnb.de abrufbar.

© 2017 **Michael Felske**

Titelgrafik: **Michael Felske**

Herstellung und Verlag: BoD – Books on Demand, Norderstedt

ISBN: 978-3- 746027661

Inhaltsverzeichnis

Vorwort

Das „Dallas" des Mittelalters hat mich schon immer begeistert und gefesselt. Für die Aufführungen gemeinsam mit den Musikern der Mittelalterband Surenfeld habe ich die spannende Nibelungensage auf hochdeutsch mit Liedern neu erzählt. Für die Begleitung mit Gitarre oder Laute finden Sie auf Seite 61 Akkord-Vorschläge. Die Texte sind so gemacht, dass Ihnen rasch eine eigene Melodie einfällt. Wenn nicht – besuchen Sie uns unter www.surenfeld.de. Viel Freude beim Lesen wünscht Ihnen Ihr

Michael Felske

In Worms und Xanten

Die Nibelungen-Sage mit neuen Liedern erzählt

In Worms und Xanten

1.

Es wird ganz viel erzählet

Von Drachen, Gold und Hagen

Der Kriemhild hat arg ge-quält

Und Siegfried g´töt beim Jagen.

Prech.:

Liebe, Treue und Hass,

Hinterhalt und Rache.

Die Geschichte ist krass:

Dabei werd´ ich ganz blass.

Refr.:

In Worms und Xanten

Leb´n die be-kannten

Helden der Ge-schicht

Von der ich Euch be-richt´.

2.

Kriemhild sucht den richt´gen Mann

Siegfried bekämpft den Drachen

Und was der noch alles kann

Sind gar verrückte Sachen.

3.

Die beiden kam´ zu-sammen

Sind ein gar bildhübsches Paar

Ihr´ Herzen stehn in Flammen

Doch es geht nur wen´ge Jahr.

4.

Kriemhild verliert ihren Schatz

Den der Hagen ihr geraubt.

Tief im Rhein ist jetzt der Platz

Erst hat das niemand geglaubt.

5.

Hunne Etzel sucht ´ne Braut

Kriemhild ist lang schon allein.

Fragt sich ob sie sich das traut

Doch bald verlässt sie´s Heim.

6.

Bei den Hunnen kommt´s zum Kampf

Ein blutiges Gemetzel

Und alle verliern ihr´n Kopf

Wer noch bleibt ist Etzel.

Bridge:

Intriegen und Lieben

Und vieler Helden Tod.

Ins Buch ist ge-schrieben

Wie entsteht große Not.

Eines Tages kommt der Falke

1.

Kriemhild sie ist bildschön

Kriemhild sie ist sehr reich

Doch dass sie ohne Mann ist

Das ist ihr gar nicht gleich.

Prech.:

Wer weiß das schon ganz genau

Was vorgeht in einer Frau.

Sie sucht ihren Mister Wright

Bei Kriemhild ist er noch weit.

2. Der Eine sieht nicht aus.

Der Andre ist nicht schlau.

Kriemhild die ist wirklich

´ne anspruchsvolle Frau.

3.

Der von gestern hat kein Herz

Der von heut´ ist nicht reich.

Kriemhild macht die Männer

Alle Männer ganz bleich.

4.

Dem Einen dem fehlt dies

Dem Anderen fehlt das.

Kriemhild hat Ansprüche

Die sind wirklich ganz krass.

5.

Eben war Einer zu klein,

der Nächste war zu groß.

Und Kriemhild, die denkt sich:

"Was mach´ ich jetzt bloß?"

6.

"Wenn keiner zu mir passt,

Dann soll es wohl so sein!"

Und Kriemhild beschließt jetzt:

"Ich bleib´ lieber allein!"

7.

Das gefällt Hagen sehr.

Und es ist ihm ganz recht

Dass Kriemhild allein bleibt

Denn Hagen der ist schlecht.

8.

Kriemhilds Mann wär´ König

Verlör Hagen die Macht.

Da es bleibt wie es ist

Da hat Hagen gelacht.

Bridge:

Liebe kommt und Liebe geht

Manchmal kommt sie auch zu spät

Für Kriemhild, man glaubt es kaum

War das ein ganz schlimmer Traum.

Ref.:

Eines Tages kommt der Falke

Richt´ge Falke auf Deinen Arm.

Zart streichelst Du sein Gefieder

Und dabei wird Dir wohlig warm.

Doch plötzlich reissen zwei Adler

Dir Deinen Falken aus der Hand

Im Kampf gegen zwei stirbt er:

So ist Kriemhilds Traum Euch bekannt.

Wo ist die Welt?

1.

Er war jung und er suchte die Welt

Siegfried war reich und brauchte kein Geld.

Seine Kraft die bewies er im Streit

Immer Sieger war allzeit bereit

"Sohn, mach Dich auf die Reise!

Entdeck´ die Welt auf Deine Weise!"

Bat Vater Sigis-mund seinen Sohn:

"Du wirst schon sehn, einst wird sich das

loh´n!"

2.

Jung-Siegfried verließ Eltern und fand

Eine Welt für ihn ganz unbekannt.

Voller Wunder und Töne der Wald

Und am Ende der Lichtung kam bald

Eine Schmiede mit schmutz´gen Gesell´n

Er fragt´ "Kann ich mit Euch was anstell´n?"

Einer sagt: " Du hier wird was geschafft.

Ich bin Schmied, vielleicht fehlt Dir die

Kraft?"

3.

Siegfried sollt´ schmieden glühend Metall

Der drosch den Hammer es gab einen Knall:

Eisen zerstört, Amboss gespalten

Siegfried konnt´ seine Kraft nicht halten.

Er lernte schnell Feines und Grobes

Schmied Mime war bald voll des Lobes

Sein Meisterstück war ein eig´nes Schwert

Das konnt´ er brauchen, war gar nicht ver-kehrt.

Refr.:

"Wo ist die Welt?

Was ist der Sinn?

Bitte Vater:

Führ´ mich dort hin!"

"Welt ist da vorn,

Welt ist da hinten!

Glaube Sohn

Du wirst sie finden!"

Blutbad

1.

Bauern packen ihre Sachen

Zieh´n davon hab´n Angst vor´m Drachen

Der mit Feuer und viel Gespei

All´ ihre Hütten bricht entzwei.

Zur Hilf´ eilten viele Ritter

Deren Leben endet bitter

Übrig sind nur die Gebeine

Ihre Frau´n sind nun a-lleine.

Refr.:

Den Drachen erschlagen

In seinem Blut baden.

Siegfried hat es geschafft

Und das Monster hingerafft.

Den Drachen erschlagen

In seinem Blut baden.

"Siegfried! Pass´ auf, ein Blatt!

Tja, es läuft nie alles glatt.

2.

Wild und kräftig gab es einen

Hatte keine Angst vor keinem.

Siegfried, so hieß dieser Recke

Wollte bring´ Drachen zur Strecke

Fester Blick trotz aller Warnung

In der Hand sein Schwert das Balmung

Kam er dann hoch zum Drachenstein

er und der Drach´ war´n ganz a-llein.

3.

Laut schnaubt und faucht das wilde Tier

Siegfrieds Kampf der gleicht einer Kür

Hauen, Stechen und Gefetze

Siegfried gab wirklich das Beste

Lindwurm scheint nicht zu besiegen

Letzte Chanc´ Siegfried soll kriegen

Der Recke der erkennt recht schnell

Unter dem Flügel ei-ne Stell´.

4.

Dahin stößt er sein Balmung rein

des Drachen Augen wurden klein

Blut steht hoch zu seinen Waden

Siegfried nackt tut darin baden.

Nun wird er niemals schwach und matt

Doch auf seinem Rücken klebt ein Blatt.

Das wird nun die Stelle sein

An der v´wundbar er ist a-llein.

Macht und Gold

1.

Zwei Könige, die stritten sehr

Wer von Ihr´m Schatz bekommt viel mehr

Siegfried kam und half ihn teilen

Und dann wollt er weiter eilen.

Sie wollten ihn und ganz bewusst

Töten weil er vom Schatz gewusst.

Doch Siegfried setzte sich zur Wehr

Dann gab es keine Kön´ge mehr.

2.

Zehn Schritte weiter stand ein Zwerg

Der machte sich so-fort ans Werk.

Hieß Alberich er schlug gleich zu

Und Siegfried spürte Schmerz im Nu.

Ver-lor sein Schwert drum kämpfte er

Und sah dabei den Zwerg nicht mehr

Denn eine Kappe schützte den

Zwerg doch dann war´s um ihn ge-schehn.

3.

Balmung schlug vom Zwerg die Kappe

Ab da war er Siegfrieds Knappe.

Alberich und seine Zwerge

Versteckten den Schatz in dem Berge

War nun der Hort der Nibelung´

Von dem die Welt dann oft gesung´

Siegfried war ab jetzt ganz klar

Gelegentlich mal unsicht-bar.

Bridge:

Mit Kappe, Schatz und Schwert

Ist´s Leben nicht ver-kehrt.

Doch das war nicht sein Ziel

Obwohl´s ihm gut gefiel.

Wunsch ist ´ne hübsche Frau

das weiß er ganz genau

Jetzt reist er nach Xanten, zu seinen Ver-

wandten

Dort poliert er sein Schild und macht sich auf

zu Kriem-hild.

Refr.:

Macht und Gold nur ganz allein

Können Lebenssinn nicht sein

Find´st ´nen Mensch für dein Herz

Dann verlierst Du Deinen Schmerz.

Herz auf Herz

1.

Siegfried liebt die Frauen

Sie sind hübsch anzu-schauen

Bei den Frauen im Land

Ist er ja wohlbekannt.

2.

Sie bewundern ihn sehr

Wünschen ihn zu sich her.

Doch Siegfried der bleibt

Ganz lange unbe-weibt.

Refr.:

Herz auf Herz wenn´s passt ist´s Liebe

Wenn´s doch nur für immer bliebe

Bloß manchmal läufts im Leben nicht fein

Prompt schlägt ein Herz dann ganz al-lein.

3.

Ritterspiele und Wein

Schein´ die Hobbies zu sein

Eltern machen sich Mut

Mit Frau wird alles gut.

4.

Hab´ nur eine im Sinn

Zu der will ich gleich hin

Die Kriemhild die Feine

Ist die Eine die ich mei-ne.

5.

Schloss Worms ist nun sein Ziel

Weil ihm Kriemhild ge-fiel

Dort gab es gleich ein Fest

Mit Kampf in Kriemhildes Nest.

6.

Es verging fast ein Jahr

In dem er Kriemhild sah.

Gesprochen haben sie doch nie,

Sieg-fried wusst auch nicht wie.

7.

Nach Krieg gegen Sach-sen

Und Dän´ konnt erwach-sen

´ne Chance neben ihr zu gehen

Und so ist es geschehen.

Schlau und klug

1.

Der Brunhild konnt´ im Kampf besiegen

Nur der sollt´ sie zur Frau dann kriegen.

Doch das Vollblutweib warf Stein und Speer

So weit wie bisher kein andr´er mehr.

Wer verlor kam gleich in große Not:

Denn auf den Kampf folgte s´fort der Tod.

Refr.:

Mit Tricks, das wisst Ihr ganz genau

Erobert Mann oft eine Frau.

Wenn eines Tages der Betrug

Auf-fliegt wird auch ein König klug.

Mit Tricks, das wisst Ihr ganz genau

Macht Euch das Leben später schlau!

2.

König Gunther war un-verdrossen

Hat sich in Brunhild´ verschossen

Sagt: "Dieses Weib muss ich gewinnen!"

Tja, Gunther war bald ganz von Sinnen.

"Siegfried hilf mir, wie weißt Du genau!

Dafür geb ich Dir Kriemhild zur Frau!"

3.

Nach langer Reise auf dem Wasser

Wurd´ Gunthers Laune immer besser.

Gekonnt brachten sie ihr Boot an Land

Bald reichten sie Brun-hilde die Hand.

Siegfried eilt zum Schiff als ein Knappe

Von daher holt er seine Kap-pe.

4.

Mit der ist der Recke unsichtbar

Hilft so dem Gunther, das ist ganz klar.

Doch Brunhildes starke wüste Kraft

Hätte beide bald da-hingerafft

Doch den Speer wirft Siegfried volle Wucht

Die auf Erden seinesgleich-en sucht.

5.

Des Speeres Holz trifft voll Brunhilde

Die Ärmste war so-fort im Bilde:

Sie ahnte sofort dass durch diese Tat

Ihr letztes Stündchen geschlagen hat.

Den Kampf verloren, sie wusst´ es genau

König Gunther be-kam sie zur Frau.

6.

Das Schiff legte ab, los ging die Reise

Brundhild sehr still, sie war stets leise.

Voller Trauer fühlte sich ganz allein

Das Schiff das kreuzte schnell auf dem Rhein.

Daheim bei Gunther klang die Leier

Die nächsten Tage gab es Fei-er.

Refr.:

Mit Tricks, das wisst Ihr ganz genau

Erobert Mann oft eine Frau.

Wenn eines Tages der Betrug

Auffliegt wird auch ein König klug.

Mit Tricks, das wisst Ihr ganz genau

Macht Euch das Leben später schlau!

Dreimal "Hoch" auf den Wein

1.

Mundschenk hol´ Wein

Roll´ die Fässer rein

Wir wollen trinken

Im Wein versinken

Prost auf die Weiber

Und ihre Leiber

Mundschenk hol´ Wein

Roll´ die Fässer rein

Refr.:

Mit Weib und Gesang

Und der Gläser Klang

Ist´s Leben fein

Dreimal Hoch auf den Wein!

2.

Mundschenk hol´ Wein

Roll´ mehr Fässer rein

Wir wollen singen

Die Gläser klingen

Bring´ her die Frauen

Woll´n uns anschauen

Mundschenk hol´ Wein

Roll´ mehr Fässer rein

3.

Mundschenk hol´ Wein

Roll´ mehr Fässer rein

Haben mit Minne

Heut´ nichts im Sinne

Woll´n viel weiße Haut

C

Gern jung und versaut

Mundschenk hol´ Wein

Roll´ mehr Fässer rein

4.

Mundschenk hol´ Wein

Roll´ mehr Fässer rein

Wir wollen saufen

Und danach raufen

Wir wollen lieben

Bei Frauen liegen

Mundschenk hol Wein.

Roll´ mehr Fässer rein

Wir trinken immer

1.

Schenk ein das Met

Den Krug schütt´ voll

Die Gläser klirr´n

Ja das ist toll.

2.

Gieß ein den Wein

Den Rebensaft

Die Gläser klirr´n

Das gibt uns Kraft.

Refr.:

Wir trinken immer

Wir trinken gern´

Wir trinken alles

Ein Proooooost an Nah und Fern´. /Wdhlg/

3.

Gieß ein den Korn

Den Weizen Brand

Die Gläser klirr´n

Es schallt durchs Land.

4.

Schenk mehr Met ein

Es schmeckt gut.

Viel Honig rein

Geht uns ins Blut.

5.

Jetzt bringt uns Frauen

Mit rotem Mund

Denn die Liebe

Ist so gesund.

Vom Haken ins Laken

1.

Nach der Feier folgte Gunther

der Brunhilde völlig munter

Wollt´ ihr Männlichkeit beweisen

Und von ihrem Körper speisen

Doch seine Braut war gar nicht nett

Sie ließ den Gunther nicht ins Bett

Und stoppt ihn an der Eingangstür

Sagt: "Du hast nichts zu suchen hier!"

Refr.:

Vom Haken ins Laken

Recke Siegfried der war nett

Brachte Gunther zu Brun-hilde ins Bett.

Vom Haken ins Laken

Recke Siegfried war nicht klug

Dass er an diesem Abend die Kriem-hilde be-trug

2.

Gunther wurd´ zum wilden König

Seine Braut war unversöhnlich

Ihr´ Kraft verlier´n durch Königs Schwert

Das war aus ihrer Sicht verkehrt

Binnen Sekunden kam´ s zum Streit

Der tut Gunther heute noch Leid

Brundhilde siegt mit roher Hand

Am Haken hängt er an der Wand.

3.

So hing er da die ganze Nacht

Das hat ihn um den Schlaf gebracht

Brundhild kroch aus ihrem Laken

Hob den armen Mann vom Haken

Der verschwand ganz traurig und auch krank

In den Garten auf seine Bank

Siegfried dem Recken sagte er:

"Brundhild zu lieben ist sehr schwer!"

4.

"Kein Problem", rief der Recke

"Für Dich bring ich das Weib zur Strecke

Wenn´s Licht erlöscht im Dunkel dann

Ring´ ich mit ihr stark wie zwölf Mann!"

Es kam zum Kampf wild wie ein Rausch

Nach Reckens Sieg kam es zum Tausch

Ein wenig später wurde dann

König Gunther Brunhildes Mann.

Mein Herz brennt (Kriemhilds Liebeslied)

1.

Such´ den Kampf

Such´ den Streit

Sei stets bereit

Bist mein Held

Wenn es zählt

Bist Du für mich da.

Prech.:

Brauchst Du ´nen Mann

Der es gut kann.

Nimm ein´ wie mein´

Lass den Rest sein.

Refr.:

Mein Herz brennt — So heiß wie Feuer.

Mein Herz brennt — Es brennt für Dich.

Mein Herz brennt — Du bist mir teuer

Bist der richt´ge Held für mich.

2.

Lieg´ bei Dir

In Dein´m Arm

Wird´s mir warm

Dann wird´s heiß

Um jed´n Preis

Will ich Dich jetzt spür´n.

3.

Leg´ die Hand

Auf mein´n Bauch.

Du willst es auch.

Mein Gehirn verbrennt

Mein Herz das rennt

Los! Komm schon zu mir.

4.

Jaaa – wunderbar!

Du bist da

Mir so nah, Fühl´ Dein Blut Das ist gut –

Ich will davon mehr!

5.

Explosion

Ich verglüh´

Ohne Müh´

Deine Kraft

Hat´s geschafft

Ich bin jetzt ganz leicht.

Bridge:

Helden wissen, wo sie steh´n

Helden wissen, wann sie gehn´

Bist der Beste auf der Welt

Weil mir´s mit Dir so gut ge-fällt.

Wer ander´n eine Grube gräbt (Siegfrieds Tod)

1.

Es steht ihm frei dem guten Mann

Was er seiner Frau er-zählen kann.

Bei Siegfried ging die Sache schief

Weil Kriemhild gleich zu Brunhild lief.

Zeigte ihr Gürtel und den Ring

Petzte wie´s in der Nacht abging.

"Siegfried kämpfte und nicht Gunther."

Sprach´s verschwand die Treppe runter.

2.

Brundhild sagte "Ich will Rache

Für die üble Lügensache.

Ihr Gatte wurde herzitiert

Von ihm forderte sie ungeniert

Siegfrieds Tod völlig un-verblümt

Nur damit sei die Tat gesühnt

Gunther zog die Stirn in Falten

Dach´t ihr Unmut könnt erkalten.

Refr.:

Wer andern eine Grube gräbt

Muss sich wundern dass er noch lebt.

Bös dumm dran sind auch die Guten

Könn´ sich wundern dass sie bluten.

Wer Intriegen schürt wie Hagen

Darf sich später nicht beklagen.

3.

Für Brunhild war das gar kein Test

Sie hat den Gunther auch erpresst

Dass sie nach Island zieht zurück

Allen erzählt vom Missgeschick

Dass ihr Mann sie hat betrogen

Und mit Siegfried gar belogen.

Spätestens jetzt war Gunther klar

Dass durch ihn rasch zu handeln war.

4. Des Königs Lösung war ein Krieg

Den es in Wirklichkeit gar nicht gibt.

Bedroht sein sie durch Dän´ und Sachsen.

Siegfried sah die Sach´ durchwachsen.

Wollt´ sofort helfen das war klar

Genau das Hagens Absicht war

Kriemhild fleht er um Hilfe an

Wie sie ihren Mann schützen kann.

5.

Das hübsche Weib sollt´ näh´n ganz schnell

Ein gold´nes Kreuz auf diese Stell´

An der klebt´ das Blatt beim Baden.

Nur da konnt er Siegfried schaden.

Das große Heer zog von hinnen

Für Siegfried gab es kein Entrinnen.

Der Kampf der wurd´ dann abgesagt

Statt dessen zogen sie zur Jagd.

6.

Recke Siegfried konnt erlegen

Auerochs und einen Bären.

Bei der Hetz auf den zweiten Bär

Feuerte Hagen sei-nen Speer

Feige und hinterrücks ins Ziel

Der Speer er traf und Siegfried fiel

Blutend und tot von seinem Pferd.

Oh Kriemhild, da lief was verkehrt.

7.

Kriemhild fand ihren Mann als Leich

Sofort wurd ihr Gesicht ganz bleich.

Lag´ völlig kalt vor ihrer Tür

Sie schrie: "Gott v´rat den Mörder mir!"

Schon nach einigen Momenten

Konnt sie sich den Mörder denken.

Kriemhild trauerte drei Tage

Bei Siegfried an der Bahre.

Herz eiskalt

1.

Siegfried lag tot vor der Kammer

von den Zofen gabs Gejammer

Der Schmerz der reißt Dein Herz entzwei

Das schöne Leben ist vorbei

Siegfried aufgebahrt im Sarge

Weithin hört man laute Klage.

Gern hab´n sie von ihm gesungen

Ihm dem großen Nibelungen.

2.

Tag und Nacht hat sie gesessen

Wollt sein Antlitz nicht vergessen

Am dritten Morgen klagten dann

Vor der Kirche 1000 Mann

Als Hagen vor dem Sarge stand

Passierte das was altbekannt

Aus der Wund lief der blut´ge Rest

Für Kriemhild stand der Mörder fest.

3.

Als der Sarg sollt in die Erde

Kriemhild dacht was aus ihr werde

Schrie: Brecht nochmal den Deckel auf

Dann nahm die Dinge ihren Lauf.

Ihr Blut das lief ihr aus den Augen

Was sie sieht will sie nicht glauben

Die große Lieb´ liegt tot vor ihr

Sie schreit: Gott was machst du bloß mit mir?

Refr.:

Herz eiskalt und Seele leer

Weiterleben ist jetzt schwer

Die Liebe die ist nun tot

Es beginnt die große Not.

Bosheit und List

1.

So manches Mal

Das muss ich Euch sagen

Gibt es Sachen

Die kann man kaum ertragen.

2.

Wie mit Kriemhild

Beim Nibelungenhort

Den wollt´ Hagen

entführ´n an einen ander´n Ort.

3.

Bös´ wie er war

Nutzte er einen Trick

Schob vor Gunther

Und der redete schick

4.

Kriemhild fand´s gut

Wollt´ helfen den Armen

Mit all ihrem Gold

Doch Bös´ kennt kein Erbarmen.

5.

Sie wollte Schutz

Gab Recken sehr viel Gold.

Plante ein Kloster

Hagen war ihr nicht hold.

6.

Stahl nachts den Schatz

Verlud ihn auf ein Schiff

Und auf dem Rhein

Versenkt er ihn am Riff.

7.

Ganz ohne den Hort

War Kriemhild sehr allein.

Hagen ganz froh

Es konnt besser nicht sein.

8.

Angst vor Rache

die war jetzt nicht mehr groß

Ohne das Gold

War die Kriemhild wehrlos.

9. Boten kamen

Etzel hat sie geschickt.

Er sucht ´ne Frau

Hat Kriemhild rausgepickt.

10.

Nach zwei Tagen

Packte sie für den Ritt.

Etzel wird´s freu´n

Wenn´s an seine Seit´ tritt

Refr.:

Wer täuscht eine Frau

Mit Bosheit und List

Der wird bald merken

Wie sein Schicksal ist.

Wer täuscht eine Frau

Raubt ihr Gold und Geld

Der hat verwirkt bald

Sein´ Zeit auf der Welt.

Hand aufs Herz

1.

Nach vielen Jahren in Etzels Land

Gab Kriemhild ihren Wunsch bekannt

Dass sie gern möcht` die Ver-wandten seh`n

Es wär für Krienhild so wun-derschön.

Etzel, der große Hun-nenkönig,

Der liebte seine Frau nicht wenig

Und schickte gleich ´nen Reiter fort

Nach Worms, dem schönen Burgunden-ort.

Prech.:

Mancher Weg, der führt ans Ziel

Mancher Weg, der führt in Not.

Manchmal passiert viel zu viel.

Wie hier, denn bald sind sie tot.

Refr.:

Hand aufs Herz, ich sag Dir was

Verschenk dein Herz nicht an den Hass

Hand aufs Herz, so spielt das Leben

Manchmal muss man auch vergeben

Hand aufs Herz, Du brauchst Geduld

Denn oft sind nicht die and´ren schuld.

2.

Der König nahm die Einladung an

Kurze Zeit später war`n alle Mann

Schon auf dem Weg ins Hunnenreich

Und Hagen, der wusste es sogleich

Dass Kriemhilde nur auf Rache sinnt

Und am End´ das ganze Spiel gewinnt.

Es war ´ne Meerjungfrau, die ihm verriet

Dass keiner Heimat Burgund mehr sieht.

3.

Ans Ziel gekommen lief´s gleich nicht gut

Es gab Streit und Mord, es floß viel Blut.

Im großen Saal gab´s ein Gemetzel

Ganz fassungslos war König Etzel.

Doch Kriemhild sah die Sach´ ganz munter

Schlug ab den Kopf von König Gunter.

Die nächste Leich´ war die von Hagen

Denn den konnt´ Kriemhild nicht ertragen.

Bridge:

Hildebrand war ganz entsetzt

Hat die Kriemhild gleich zerfetzt.

Jetzt war´n alle mausetot.

Das ist der Nibelungen Not.

Begleitakkorde

Für die Begleitung mit Gitarre, Laute, Mandoline oder Cister eigenen sich folgende Akkorde:

C, d, e, F, a, D, D7, E und f.

Wenn Sie Freude daran haben, erarbeiten Sie sich Ihre eigenen Melodien zu den Liedern.